烟花三岳醉如斯

逗号 著

孔學堂書局

图书在版编目（CIP）数据

烟花三岳醉如斯 / 逗号著 . — 贵阳 : 孔学堂书局，2019.12
ISBN 978-7-80770-181-1

Ⅰ . ①烟⋯ Ⅱ . ①逗⋯ Ⅲ . ①诗集—中国—当代 Ⅳ . ① I227

中国版本图书馆 CIP 数据核字 (2019) 第 287878 号

烟花三岳醉如斯 逗号 著

YANHUA SANYUE ZUIRUSI

出 品 人：邓国超 李 筑
责任编辑：张发贤 张基强
责任校对：卢 荷
责任印制：张 莹

出　　品：贵州日报当代融媒体集团
出版发行：孔学堂书局
地　　址：贵阳市云岩区宝山北路 372 号
印　　制：贵阳精彩数字印刷有限公司
开　　本：889mm × 1194mm 1/32
字　　数：80 千字
印　　张：5.5
版　　次：2019 年 12 月第 1 版
印　　次：2019 年 12 月第 1 次印刷
书　　号：ISBN 978-7-80770-181-1
定　　价：30.00 元

序

从出生之日起，我们每个人就行走在路上。人生的道路从来都不是笔直而平坦的，而是一条蜿蜒而崎岖的山路，我们时而上坡，时而下坡，有时会踉跄，有时会跌倒——有的人跌倒后再也没能站起来，但是更多的人无论跌在何处，无论摔得多痛，却总能爬起来继续前行，路于是在脚下再次延伸，虽然还是那么蜿蜒，还是那么崎岖，这就是所谓人生。

人生苦短，就在生与死这短暂的两点之间，我们时而被自然所困，时而被人所困，时而被情所困，也许“自然”“人”“情”正是我们一生中必须直面，并且必须去逾越的三岳。我们一生都会被这三座大山所困，真可谓不困不醉，不醉不归。而这三岳也必将使我们的一生变得酣畅淋漓，丰富多彩。

本书亦分为三岳，一岳为“自然”，一岳为“人”，一岳为“情”。希望沧海一粟的你在“翻阅”这烟花三岳后能嫣然一笑，并带着这微笑继续你人生的跋涉和翻越。

逗　号

2019 年 10 月 10 日

目录

第一岳
自然
NATURE

PEOPLE

第三岳

情

FEELING

烟花三岳醉如斯

NATURE

第一岳

自然

那山·那水·那情——遵义

自然

1

在阳光的呵护下
你每时都在变脸
在春风的呵护下
你每天都在换衣
你比女人更爱美

2

大自然
像个孩子
不知自己
从哪里来
到哪里去
在踉跄中
学会爬行
寻找自我
大自然
像个智翁
甚知自己
逻辑智慧
戒骄戒躁
在蹒跚中
循序渐进
超越自我

春

1

春天脱去了棉袄
像个羞涩的少女
更像妩媚的少妇
撩拨每一朵花儿
众花齐向她献媚时
她却将爱托付给太阳
投入到夏天的怀抱里
春天总让你无限遐想
却总是让你欲抱不能

2

远方传来
布谷鸟的“咕咕”声——
那是你向往的地方
那是你永远到不了的地方

一声『好的』

春天你好
春天含笑
——“好的”
大地绿裹

夏天你好
夏天诡笑
——“好的”
大地赤热

秋天你好
秋天痴笑
——“好的”
大地金黄

冬天你好
冬天点头
——“好的”
大地银装

夏天

1

知了和夏天
是结拜兄弟
一个高歌
一个热舞
知了走了
夏天散了

2

夏天
蝉鸣噪屋
一丝寒意
冬天
雪飘壁炉
一股暖流

雪花飘

雪花飘　雪花跳
慢慢悠悠不急躁
雪花飘　雪花逃
逃到怀里即化掉
不求瑞雪丰年兆
但求风里随性飘

风

1

你是花的红娘
你是果的翅膀
你是鸟的伴侣
你是海的儿女
人们看不见你
却能感受到你
世界若没了你
将会走向哪里
真的想抱抱你
无处不在的风

2

风摇树
树抖叶
叶吻我
我谢风

3

春风十里
秋风万里
冬风十万八千里
夏风，你在哪里

4

风儿自鸣得意
号称魅力无穷
去向花儿求爱
花朵只会摇头
去向树儿求爱
树叶拼命摆手
去向小草求爱
草儿赶紧跺脚
无人理会风儿
风儿不懂规矩

5

清风恋溪
溪水潺潺
溪水
尽显温柔
台风爱海
海浪滔滔
海浪
肆意狂躁

6

每一缕风
都有它向往的芦苇
对梦里不可及的芦苇
风无限惆怅
对怀里随风飘的芦苇
风总是迷茫
风不知道该怎么表达
风只知道一个劲地吹

7

台风一吼
树叶就抖
台风再吼
树叶就
跳迪斯科

花

1

花的主见
远胜于人

2

花的美丽
在于柔弱
花的伟大
在于坚强

3

花朵养眼
花香养鼻
花果养胃
花魂养心

4

路边的花儿没人睬
路边的花儿没人摘
路边的花儿多自在
路边的花儿真精彩

路边的草儿你别踩
路边的花儿你别摘
路边的女孩你别看
家里的乖乖把你盼

5

人生如花　花易醉
人生如花　花易碎
人生如花　花易缀
人生如花　花易坠

6

花儿千万别答应
蜂儿的疯狂求爱
甜蜜仅留在唇上
刺痛永留在心里

花儿，我到哪儿去找你

昨天，你
身披露珠
含苞待放
今天，你
浓妆艳抹
开怀大笑
一场春雨
你就粉身碎骨
从此无影无踪
都说人生苦短
你更转瞬即逝
花儿——
我到哪儿去找你

种子

1

种子的翅膀
——风
种子的温床
——土壤
种子的魅力
——信仰
种子的奇迹
无处不生长

2

随风飘荡随处落
不知家乡在何处
不知扎根在何方
总会开花结果盛
总会葬后再重生

植物

1

无声

觉得它蠢

不动

觉得它懒

其实

它比谁都精

它比谁都勤

2

植物界

看似繁花似锦

其实暗藏杀机

动物界

看似风潮涌动

其实总在沟通

3

人类很渺小

植物才伟大

人类很脆弱

植物最顽强

4

植物的悠然自得

在于它默默无闻

动物的焦躁不安

在于它蠢蠢欲动

树

1

枝枯，骨感，好酷
叶茂，累赘，显丑
宁可你丑不愿你酷
因为有花还有果陪

2

路边的树枝
都在卖弄风姿
路过的人儿
请别对她漠视

3

我爱鲜花
更爱枯枝
没有枯枝
哪来鲜花

盐官古树

千年古树
笑傲江湖
潮息潮涨
人来人往
过往云烟

森林

森林流泪
森林忧伤
森林心跳
森林心慌
森林呼吸
森林长大
森林是人
还是个神

仙人掌

仙人掌里有仙气
仙人球里藏运气

红叶

红豆醉相思
红叶你我知

果

苦难容易滋生苦果
苦难也能催生坚果

光

1

光一笑
你亮了
光一哭
你忧了
光撩拨着你
光占有了你
光谱写了你
光转瞬即逝
却留下永恒

2

羞答答的太阳
静悄悄地晒
羞答答的月亮
静悄悄地宅
羞答答的玫瑰
静悄悄地开
羞答答的你呢
静悄悄地猜

3

清晨
被太阳轻柔一抱
身体如此温暖
血液如此沸腾
影子如此高大
太阳
我的眼睁不开了

4

早晨
你让我如此的高大
正午
你让我找不着南北
傍晚
你又哄着我抬高我
夜晚
你把我扔给了月亮
阳光
你真的是撩人高手

5

太阳——

每天都会死去

每天都会出生

每天死里逃生

6

太阳对雨

深情一吻

雨对太阳

灿烂一笑

太阳对雨

立下誓约

——虹

虹——

虽转瞬即逝

却绚丽多彩

更刻骨铭心

总无怨无悔

7

新月

像个纤夫

拖着我前行

还好

轻风的十指

抚揉我的发丝

轻风的耳语

一扫我的烦闷

8

新月

别总跟着我

新月

别总在上晃

今夜

只想独自走

今夜

只想独自游

9

新月
夜幕下挂的一盏灯
一盏阿拉丁的神灯
点亮了黑黑的星空
拨亮了灰灰的你我

10

今晚
云儿不在家
月亮的家可真大
今晚
月亮究竟在想啥
今晚
云儿黑压压
月亮逃到了哪儿
今晚
月亮的家在哪儿

11

你是一道绿光
只能闻你芬芳
不能把你珍藏

12

星星
喜欢夜的黑
相拥无人晓
星星
喜欢夜的静
相吻无人扰

13

星星让我
看见了夜的黑
星星让我
懂得了夜的深

14

每一颗星星
都有一个名字
每一颗星星
都有一个故事
每一颗星星
都有一个秘密

15

夜晚是
白天的情人
总躲在暗处
被白天恩宠
白天离不开夜晚
黎明是
白天的夫人
把情人赶走
把白天拉拢
白天又回到正轨

16

孤独的木星
光彩照人
像颗璀璨的宝石
却羡慕身旁的牛郎织女
更难舍夕阳西下的新月

17

白天相信太阳
夜晚相信月亮
黄昏相信晚霞
黎明相信晨露
你我相信谁呢

18

太阳
你也太耀眼了
真想把你遮住
月亮
你也太忧伤了
真想给你点灯
星星
你也太神秘了
真想去拜访你

19

没有黑夜
白天会累死
没有白天
黑夜会愁死
黑夜与白天
愿平分秋色

云潮

夕阳西下
风起云涌
行色匆匆
是去赶集
还是婚礼
我很好奇

大海

天空绽放了星星
大海埋葬了珍珠
天空低头笑大海
大海常无地自容

大地

1

来自东方的光
暖了大地的心
来自西方的风
凉了大地的身

2

和大地相视一笑
它知道我要来了

3

玫瑰对土壤高歌
快迎娶我吧
土壤对玫瑰咏叹
高贵的小姐
我只能养你
却娶不了你

水

1
春天
河里的水
也会发情
冬天
河里的水
也会睡觉

2
大雨
一边流泪一边追逐
一边交融一边隐匿
大地
牺牲成大雨的温床
孕育出大雨的孩子

3
清晨
露珠暗自垂泪
那是夜惹的祸

4
壶里水开了
它是在高歌
还是在哭泣

5
逆流而上难迷失
顺流而下易失控

6
梅雨天
太阳想家了
哭的却是天

7
夜无声
情愈真
湖中影
月欲碎
吟歌谣
无人晓

8

夜色静谧
微风尽显温柔
轻抚心爱的湖面
湖面却泛起了皱纹
湖面当着微风的面
将月亮搂入怀中

9

这雨怎么
像个泼妇
目中无人
肆意地撒
肆意地泼
指桑骂槐
唾沫四溅
无人敢管

10

夏天的雨
说来就来
劈头盖脑
一脸天真

夏天的雨
说走就走
含泪微笑
一脸无辜

夏天的雨
没头没脑
像个孩子
猝不及防

空气

它从未离开你
你却从未感激

分子与原子

分子
色香味俱全
却生命有限
组成分子的
原子
虽无色无味
却长命百岁

万物与诗

万物孕诗

诗育万物

丰收

在乎的仅是
结了什么样的果
不在乎的是
开过什么样的花

时间

1

时间单向
时间狭隘
时间自私
时间无情
时间
一无是处
时间
无价之宝

2

时间
真想勒住你的喉咙
——又怕你窒息
只能抱住你的大腿
——免得被你踢

3

时间得了强迫症
——它只认识你
带你来又带你走
时间得了健忘症
——其他都不理
什么都不会带走

4

时间的颜色
——五彩缤纷
时间的味道
——五味俱全
时间的声音
——无声无息

5

时间
你会饿吗
你会老吗
你会笑吗
你有愁吗
时间
我想抱抱你

6

时间的颜色
时淡时浓
小时候淡
长大了浓
时间的稠度
时薄时厚
小时候薄
长大了厚
这颜色稠度
真的很难调

7

时间，你好
你总能伴我度过最害怕的煎熬
让我第二天醒来依然相信美好
时间，你好
你总能伴我度过最绝望的时光
让我第二天醒来依然相信希望
时间，你好
你也总能伴我度过最后的心跳
让我不再有第二天醒来的烦恼

8

明天
像春天里的少女
总让你蠢蠢欲动
也让你两手空空

9

已故的昨天
还尸骨未寒
当下的今天
已风华正茂
孕育的明天
已呼之欲出
时光如飞梭
穿越你和我

10

昨天是醇酒
越久越香甜
今天是白水
越淡越真情
明天是乳汁
越浓越催生

年

1

年
无始无终
无影无踪
绘声绘色

2

年年碎碎
岁岁念念

时间和空间

当我们呱呱坠地
第一迎接我们的
不是妈妈的吻
而是时间之吻
她的亲吻是吝啬的
她在我们的额上刻上年轮
让我们时刻牢记她的存在
当我们嗷嗷哭天
第一拥抱我们的
不是爸爸的手
而是空间之臂
他的拥抱是无私的
他在我们的周围形影不离
我们却从未感受他的存在
寂寞无奈时
你唾弃的是时间
拥抱你的是空间
时间是母空间是父

孩子眼中的熊猫

你是国宝
我是活宝
这不公平

孔雀与麻雀

有了美丽的尾巴
没了能飞的翅膀
——孔雀
没有拖累的尾巴
却有轻盈的翅膀
——麻雀
宁做自由的麻雀
不做美丽的孔雀

两只相依为命的猫

一张破旧布恰似一张婚床
漫漫黑夜恰似你俩的帐幕
满天白雪恰似你俩的礼彩
任凭雪花肆意地侵袭你俩
你俩总紧紧相拥在冰雪中
也许两颗炙热相依的心儿
能抵御世上一切天寒地冻

迷失的天鹅

一只偶然飞过的天鹅
迷失在城市的天空里
孤独，也不放弃展翅
俯视，也会暗自流泪

美

1

生命伊始
为你开门的是她
生命临终
为你关门的是她
——她就是美
美无处不在
美无时不在

2

美
大众情人
死
大众情敌

出门赏光

等雾霾回家了
我再出门赏光

久违的挚友

脚下微颤的地母
那是淡淡的忧伤
头上炫耀的天公
那是即逝的愉悦
片刻的忧伤愉悦
都是久违的挚友

侥幸的弃子

狭小的花盆里
挤满了刺儿头的仙人球
强壮的站稳了有利地势
弱小的一个小球被抛出局
我顺手想将这个弃子丢掉
被自然淘汰的理应被丢弃
这是生存竞争法赋予的规则
可是拿在手里的这个小刺头
就是忍不下心将其丢弃
于是找来另一个小花盆
培土、浇水、施肥，给它布置新居
小心将它搬进新家
尽管它浑身上下都是刺儿

本是一念之差不忍遗弃它
也没奢望它能就此存活长大
没想到，随着时间一天天过去
它竟一天天长高长壮
居然长得像承德的棒槌山
那样挺拔、那样孤傲

看来世界上无物多余
它总能给你意外启迪
即使是被遗弃的生命

风捎来的欢颜

只见你从仙人球的缝隙中伸出一个小脑袋
你是谁?
你从哪儿来?
紧接着仙人球丛中伸出了一个又一个小脑袋
嫩嫩的脸蛋丝毫不怕仙人球的荆棘
我哼的一声就草率地断定你是杂草
尽管仙人球身下干涸的泥土上也很难长出杂草

伴着时间脚尖优美的华尔兹舞步
你的一个嫩芽萌发变成了四张叶子
紧接着一张张叶子像小伞似的撑在了仙人球的头顶上
原来你是四叶草呀
奇怪了，办公室的门窗时常是关着的
小鸟也不可能飞进办公室，你是从哪儿来的?
更奇怪的，你是怎么跑到这充满仙人球的小花盆里的?
你无视泥土的贫瘠与坚硬
更无视仙人球浑身上下的利刺
傲然挺拔在仙人球的头顶上
没过几天，居然还盛开出柔弱动人的一串紫花
俨然一副尊贵的皇冠

我被你的傲然所折服
更被你不唉声叹气而怡然盛开在贫瘠的泥土中
所表现出的悠然自得所折服

也许是风不小心把你带到了这里
任性的风
从不对自己干过的事承担应有的责任
只会随性播种
风是你的父亲
一个不称职的父亲
你却以自己的欢颜回报他的疏忽
因为你有泥土——母亲
无私的温暖与滋养
尽管她卑微而贫瘠

现在，你又多了一个仆人
我，像园丁一样整天把你伺候
每天给你沐浴，和你细语
你回馈我的是婀娜多姿的妩媚
我忍不住要给你重建新的家园
在那儿，没有仙人球的拥挤和锥刺
在那儿，我会把你当成公主来宠爱
你的欢颜捕获了我
我身不由己成了你的奴
面对自然中的一切奇迹
我甘愿永远做你的俘虏

PEOPLE

第二岳

人

班花秀秀——美女心思

天生丽质　班花一枚
男生济济　唯他相随
毕业之季　相许之期
随他而去　如他所企

天生丽质　无怨无悔
日子一长　嫌他无为
不愿妥协　不愿苟且
最终离异　随即离去

天生丽质　不愁不嫁
另一他现　再次成家
岁月老人　爱开玩笑
日子一长　秀秀爱娇

天生丽质　不愁柴米
辞职在家　相夫教女
烹饪养花　样样都好
上帝在心　容颜不老

天生丽质　不愁下雨
随心所欲　随遇而安
不念过去　不计得失
美女心思　比比皆是

勃洛克——无上的爱

“我梦见我爱的人死了……
失去了爱人的人无上幸福”

难以理解
就无从理解勃洛克
更无从理解爱的解脱
更无从理解爱的永恒

陈奕迅——十年

十年前
你唱得那样认真
十年后
你唱得那样顽皮
多少人
会在十年前相聚
多少人
就在十年后离去
十年不及一轮回
却让人难舍回味

陈果——一束光

你说
一个女人最优雅的样子
无非是将自己活成了一束光
照亮了别人，也照亮了自己
我想
一个女人最惬意的样子
无非是将自己活成一颗星星
悄然无光，在静谧中眨眨眼

陈百强——真比金贵

昨日
为情而生
今日
为情所捆
明日
为情而死

生无可恋
只因爱你
死无可悔
曾经有你
醉生梦死
死里求生

才重于财
义胜于利
真比金贵
情比银璀

有感陈燮君的讲座

历史
未来的影子
未来
历史的阳光
历史与未来
总形影不离

注：陈燮君，上海博物馆原馆长，
中国博物馆学会副理事长。

杜聪——艾滋爸爸

没有结婚
却当爸爸
没有成家
子孙满堂
不为爱情
只为艾滋
放弃财富
拥有幸福

注：杜聪，慈善家，致力于“艾滋遗孤”救助。

翻译家——万岁

看见康乃馨
想起黄杲炘
看见满天星
想起杨乐云
每位翻译家
恰似
花上小蜜蜂
天天洒汗水
日日留甜蜜
没有花儿在
世界会黯然
没有翻译家
生活索无味
翻译家万岁

非凡画家——火眼金睛

非凡画家能看见
我们都能够看到
却看不见的东西

费玉清——相思比梦长

举头高歌唱

低头剩惆怅

高晓松——同桌的你

一首《同桌的你》
唱响了天南地北
有多少同桌的你
嫁给了同桌的他
有多少同桌的你
惆怅了同桌的他
更多不同桌的你
成为甜蜜的回忆

肝胆医生——敬礼

肝胆辛苦
偏爱肝胆
乳腺赚钱
不爱乳腺
弃乳腺追肝胆
舍金钱圆梦想

关公——忠义

常平一马
解州一刀
忠义一生
文武一世

冠军——秘密

懂算计
要善防
更会攻
借运气

广场舞大妈——开心豆

不在脸有多美

而在心有多欢

闺蜜后村——生日快乐

别人
一吃粽子就想起他
我却
一吃粽子就想起你

注：闺蜜端午节过生日。

海子——重生

1

极少数人
死后才活
大多数人
不死不活
——纪念海子

2

如果
卧轨才能让诗永恒
我宁愿从未有过诗
如果
诗成了你坟头上的土
我宁愿将诗化为虚无
——怀念海子

蚊帐公主Katherine——拯救

每一顶蚊帐的下面
躲藏着小孩子灿烂的笑脸
每一张奖状的后面
绽放着大男孩慷慨的笑脸
这与其说是你智慧的展现
还不如说是你纯真的应验
纯真是最温柔
也是最无敌的宝剑
还有你的恻隐之心
唤醒了大人沉睡的拯救之心
与其说是孩子拯救了孩子
不如说是孩子拯救了大人
不如说是孩子拯救了世界

刘国梁——月亮王子

退役前　呈新月

退役后　呈月半

拿奖时　呈满月

刘若英——随心不随性

初晓你
在《人间四月天》
再悉你
在《原来你也在这里》
喜欢你
在一首难忘的《后来》
也许是随心不随性的你
投影出随心不随性的我

刘德华——一起走过的日子

有你有我有情
有天有海有地
有生有死有义
一起走的日子
走过春花秋月
尝尽苦辣酸甜
历经人间冷暖

李健——戏入人技

1

这位李健　非那李健
姓名李健　随处可见

这位李健　白衣天使
医技熟娴　任劳任怨
忙里偷闲　酷爱表演
贵妃醉酒　逼真活现
——医生李健

2

那位李健　清华毕业
本应从理　喜新厌弃
一首传奇　红遍演艺
风吹麦浪　风靡街巷

这位李健　非那李健
人生如戏　戏入人技
——歌手李健

李宗盛——越过山丘的男孩

看似成熟实则永远也长不大
一双独特顽皮真诚的小眼睛
曾被一双更小的眼睛所捕获
从此留下越过山丘后的绝唱

林夕——情中寻梦

亏了自己的情
圆了别人的梦
歌里轻描淡写
歌外撕心裂肺
不是梦中情人
恰似情中寻梦

凉山灭火烈士——凤凰涅槃

面对的不是枪林弹雨
冲锋的却是刀山火海
3·31 成为永恒的祭日
30 只凤凰涅槃般永生
你们的热血挥洒凉山
凉山从此再不会凄凉

老年痴呆——顽皮

牢记过去

忘却现在

吕燕——自信公主

丑得自信

本就是美

马良——往后余生

在没风的地方找太阳
在你冷的地方做暖阳
冬雪是你夏雨也是你
往后余生一切都是你
……
这不是神笔马良的画
而是神气马良唱的歌
往后余生弹起来随意
往后余生谈起来容易
往后余生
会和谁相遇——是谜
往后余生
该怎样活，需要勇气

普希金

沸腾的是血
燃烧的是情
失去的是命
赢得的是心

朴树——平凡之路

那些花儿
染过你的热血
轻拂你的灵魂
散落在了天涯
平凡之路
走得那样崎岖
就算无法自拔
也要勇往直前

人——形形色色

1

活着的人
惜钱为金
已故的人
惜土为金

2

雕塑中
人多么像神
故事里
神多么像人

3

善人
易随心难随性
歹人
易随性难随心

4

好人
为自己而活
并非是坏事
坏人
为自己而活
才不是好事

5

最傻男人
只看美女
不看美景
美女
捉摸不定
美景
尽在眼里

6

女人想长寿
躲开男人诱
女人想开心
自己会赚金

7

坚强的女人
不是不会哭
而是没遇见
能哭的胸膛

坚强的女人
即使大哭后
会擦干眼泪
变得更坚强

8

吝啬鬼
真把钱当钱
慷慨者
不把钱当钱

9

树到中年变大柱
——顶天立地
人到中年变大叔
——油腻大叔

10

我们总是
为了今天
忘了昨天
我们总在
为了明天
折腾今天

11

执着的人
不到长城非好汉
不撞南墙不回头
不见黄河不死心
顽固的人
到了长城非好汉
撞了南墙不回头
见了黄河不死心

12

女人一痛苦
——恨了
男人一痛苦
——爱了

13
美女与野兽
哪个更可怕
孩子说野兽
大人说美女

14
年轻时想要美丽
年老后想有魅力
关键在于有活力

15
对敌人我们有提防
对傻瓜我们常忽视
傻瓜比敌人更坏事

16
人不应该
——向天空低头
人不应该
——向大海闭眼

17
穷人
为自己的财富开心
智者
对自己的愚蠢微笑

18
女人的魅力
在她的神秘

19
女人钟情靠谱
男人嗜好离谱

20
人人逃离自己
人人身不由己

21
孩子总找最愚蠢的理由
干最严肃的事情
大人总找最严肃的理由
干最愚蠢的事情

22
有的人
主动从众
有的人
被动从众
更多人
不知不觉从众
从己剩无几
从己需勇气

23
生活的厨师
——作家
生活的摄影师
——画家
生活的乐师
——歌星

24
医生的种子
——恻隐
医生的土壤
——情怀

25
作家具有
比头脑强的才能
作家更有
比才能强的头脑

26
诗人
在梦里无牵无挂
在诗里一丝不挂

27
艺术
仿佛过眼云烟的走马灯
艺术家
就是走马灯里那只蜡烛

斯蒂芬·茨威格——陨星

活在昨日

陨于今日

未及来日

童言——无忌

天好高啊——
我都摸不到它的脸
天好低啊——
它就在我的头顶上

王菲——情菲得意

也有常人有的烦恼
更有常人没的烦恼
只有爱未必能持久
唯有爱才能拥永久

徐静蕾——清风徐来

叛逆为了寻找存在
存在为了证实活着
叛逆为了寻求归宿
归宿为了求得宁静
清风徐来——
在王黄难分的世界里
你活得宛如一朵花蕾

注：上海话王黄不分，读音相同。

雅罗斯拉夫·赛弗尔特——世界美如斯

真想我能抱你一下
如果拥抱能驱使我
靠近你一点点
我也愿意

真想你能吻我一下
如果这吻能唤醒你
靠近我一点点
我更愿意

赛弗尔特与纪德

赛弗尔特——
行经美从而接近神
纪德——
行走在人与神之间

雅罗斯拉夫·哈谢克——好兵帅克

作者死了
作品活了

伊利亚·爱伦堡——人，岁月，生活

1

看到你写诗的经历
我就想笑
知道你的处女作仅卖了 16 本
我就窃喜
也不知道你在天之灵
是否会在我笑你的时候
你也在偷偷笑我

2

苦难中还能笑
魔鬼见了也逃
逆境中还幽默
死后一定能活

颜宁——不言不宁

生活

宁而不言

工作

颜而不宁

有感颜宁的讲座

化学
青睐复杂
数学
青睐单纯

张怡宁——魔王不魔

乒坛一霸　谓大魔王
常胜不败　偶尔失手
嫁人退役　回归家庭
喜得女儿　疼爱无比
不惜奖牌　任其玩耍
大魔王兮　再三叮嘱
对于金牌　可随便玩
对于银牌　得省着点

价值不在　是金是银
价值在于　是否稀缺

周杰伦——鸭脖歌王

Rap 说唱
从未听清
摇头晃脑
如若鸭脖
如痴如醉
也许正是
听不清才迷人
听不懂才最真

周华健——难念的经

从前

亲亲我的宝贝心醉

后来

朋友酿成了一杯酒

也许

岁月就是难念的经

赵雷——南方姑娘，北方小伙

歌里，南方姑娘
你是否喜欢北方人的直爽
南方姑娘
你是否习惯北方的秋凉
南方姑娘
你在四季的风中散发着头发安慰着阳光

歌外，北方小伙
你是否恋上了南方姑娘的温柔
北方小伙
你是否习惯南方的多愁
北方小伙
你在四海漂泊中追逐着梦里才有的天空

钟南山——风采院士

非典战士
白衣天使
直言进士
谦和绅士
养生之士
风采院士

2018年——寂寞在人间

黑洞不再霍金
武侠不再金庸
漫威不再斯坦·李
2018 年
天堂不再寂寞
寂寞的是人间

烟花三岳醉如斯

FEELING

第三岳

情

独享寂寞

扣寂静之门
享沉默之吻
望黑夜之灯
听心跳之声

叫醒

清晨
被爱人叫醒
——活着
夜里
被死神叫醒
——死亡

眼睛

眼睛

心的奴仆

眼睛

心的叛徒

笑与哭

笑的心里
常藏着哭
哭的眼里
常埋着笑

记忆

1

你笑
我年轻
你哭
我变老
你喜怒无常
我六神无主
你忘恩负义
我六亲不认
你一脸无辜
我一肚苦水
记忆
你何时长大
记忆
真想占有你

2

记忆往事
地点清楚
时间模糊
只是因为
地点有脸
时间无帘

幼稚公主

被沉默拥抱
我听见了自己的声音
被寂静亲吻
我看见了黑夜的眼睛
被月光撩拨
我成了你的幼稚公主

奇迹

你的袜子
竟会神奇般纷纷走散
又会奇迹般成双成对

时间没心没肺

时间的脚步从不会停止
时间的脸上从不长皱纹
要是时间能有心就好了
要是时间能有肺就好了
可时间从来就没心没肺
可你还得对它牵肠挂肚

哭就是打架

哭
生与死在打架
哭
爱与恨在打架
哭
冰与火在打架
哭
总会不欢而散

心脏只有二房

心脏只有二房
一间是左心房
被爱人占有了
一间是右心房
被孩子占有了
没有第三间了
一定要有的话
只能开天窗了
别打心室主意
那是独享之地

爱的靠山

爱
年轻时
多靠性
年老时
多靠情

『+』等于十字架

每一次得到一个“+”
等于背一个十字架

阅读随笔

读时总是
一往情深
读完总忘
一干二净

苦难

苦难如肥料
种子离不了
苦难如镰刀
收割缺不了

灵感

灵感
眼前的一亮
内心的一颤
脑海的一波
指间的一笔
构思如闪电
提笔如下雨

幸福

幸福是软肋
幸福是眼泪

延误猜猜

赢了旅豆
输了时间
赢了心理
输了心情

忘了手机

拎起垃圾
忘了手机
到了单位
想起手机
回家取机
误了飞机
凡事心急
终归叹息

灵魂世界

没有质量
只有能量
没有大小
只有数量
没有时间
只有空间
没有距离
只有远近
没有形状
只有形态

非此即死

阅读同吸气
写作同呼气
漫步如消化
遐想如营养
唯此苟偷生
非此立马死

诗

诗
一种外遇
诗
一种冲动
诗
一种情怀
诗
一种孕育
诗
一种诞生
诗
一种涅槃

等待

1

等待
一粒种子
种子孕育
种子破发
只为情溢
只为新生

2

等待是碍
等待是爱

一瞬一生

未见一瞬
谈何一生
一瞬乍现
一生在线

念经

人一念经
脸也干净

爱情

爱情
我不认识你
但能认出你

门槛

要想做伴
先会做饭

数与树

我爱数神
无穷无尽
我爱树神
无限神秘

绝症

一抹微笑
益过疗效

岁月的家

岁月的家蹲日历
过去是挂在墙上
如今躲在电脑里
还会埋在手机里

切记

躺在白纸上的黑字
——从不内疚

生活

1

生活爱把
我们带向远方
我们总把
生活抛在脑后

2

即使生活不爱你
你也要热爱生活
即使生活是大众情人
你也要对它始终如一

世界

世界美如斯
世界枯如枝

快乐的秘密

逆境中轻率
顺境中稳重

诗歌与散文

诗歌像浮冰
我是冰上的一朵浮云
——她漂我也飘
散文像小溪
我是溪流上的一片落叶
——她流我也溜

理性与感性

理性如双脚
让你站得稳
感性如双翼
让你飞得高

甘泉公园

天天和你
幽会偷情
早上养眼
中午养心
傍晚散心
甘泉公园
赛过情人

感觉不到

是世界太假
还是我太真
我分不清孰是孰非
是世界太浊
还是我太清
我看不见眼前的路
是世界太闹
还是我太静
我听不见自己的声音
是世界太大
还是我太小
我感觉不到自己在哪儿
是世界太重
还是我太轻
我感觉不到自己的存在

牺牲

快乐
从不牺牲自我
幸福
总会自我牺牲

音乐

音乐
有时像阳光
让人热血沸腾
有时像月光
让人无限遐想
有时像星光
让人捉摸不透
更多像小溪
让人自在歇息

骄傲与虚荣

骄傲靠自己长

虚荣靠别人养

漫步

漫步无须伴

漫步仅随影

盲区

越是聪明
越有盲区

负担

头不是脖子的负担
身体不是脚的负担
孩子不是家的负担
我不愿是你的负担

死亡

死亡
无知无觉
何不
无忧无虑

文字

文字
我先膜拜你
你若蔑视我
我再蹂躏你
你须降服我

渴望

爱情是自由的紧箍咒
婚姻是自由的杀手锏
人们发自内心渴望这
带着紧箍咒的杀手锏

财与才

捡了宝贝发了财
丢了宝贝成了才

神药与死神

人人都不想生老病死
人人都想长命百岁几
为了这古老夙愿心思
赴汤蹈火也在所不惜

古有始皇寻灵丹妙药
众里寻它千百度无功
今有百姓喝童子屎尿
蓦然回首只是一场空

历经千辛万苦觅神药
只怕迎接你的是死神
人人都不愿去见死神
死神岂轻易放过人人

世上本无长命的神药
世上只有怕死的笑料

神

1

过去

死神总带把镰刀

挥挥手把你带走

现在

死神只带个手机

扫一扫带你离去

2

地上的人儿说

——天是神

天上的星星说

——地是神

会飞的鸟儿说

——风是神

会游的鱼儿说

——雨是神

天真的孩子问

——谁是神

3

面对世界

我们是多元的

面对死神

我们是一元的

岁月原来是厨师

岁月悠哉悠哉手提镰刀
收割人间的幸福和悲伤
慢条斯理做成一道道菜
让我们品尝其酸甜苦辣
没想到岁月原来是厨师

喜欢

风喜欢叹息

雨喜欢哭泣

你喜欢摒弃

我喜欢忘记

沙洲

你是“生”的兄弟
但对你的恐惧与生俱来
真想一觉醒来已过沙洲
真想在那儿一睡百年
梦里没有熟悉的你
梦里只有似是而非的他

在乎

世界不会在乎你来
世界更不在乎你走
要在乎你在乎的人
更在乎在乎你的人

茶杯

手中的茶杯
我天天吻你
你就如此的
无动于衷吗

晒被子

竹竿上的被子迎风招展
冬天的太阳往她怀里钻
把她哄得酥软睡眼惺忪
麻雀在竹竿上欢蹦乱跳
就想在她头上拉屎做窝

和老天有什么好较真的

说好的不下
你怎么突然变卦
老天，你
将我淋得透心凉
你竟连天气预报的话
都置若罔闻
简直是无法无天
老天，你
啥时才能善解人意

我带你去远行

我带你去远行
我的爱人
——心爱的书
我带你去遨游
我的宝贝
——喜欢的歌
一路上有书有歌
心儿怎还会寂寞

做只海鸥真幸福

听风歌　看海舞
问海鸥　去哪里
海鸥叫　追落日
海鸥笑　捧新月
海鸥跳　戏星星
做海鸥　赛过你

黑夜

我和白天分了手
我和黑夜交了友
在夜色温柔的怀里
我看见了夜的眼睛
黑夜
用宁静抚摸我的心
黑夜
用神秘赐予我光明

今晚

今晚
老天肯定正在洗桑拿
——闷儿热

今晚
老天肯定在被老婆骂
——透心凉

照相馆里学着叫『小伙子』的小姑娘

坐在凳上的小姑娘
重复大人的口气问
“小伙子”去哪了
这一瞬的天真永久
——留在了照片上

跳下凳子的小姑娘
认真地问她的外婆
什么是“小伙子”
也许将来有一天
有一个“小伙子”
会向你展示什么是
——“小伙子”

婚姻

总是容易走丢
不是稀里糊涂
就是执迷不悟
偶尔也会迷路
常常跌倒不起
不丢实属奇迹
婚姻细如发丝
婚姻脆如玻璃

负心

你爱的人对你负了心
就让风把一切吹了去
没有风吹不干的泪水
没有风吹不散的记忆
没有风带不来的种子
只要你不在风中倒下

庆幸

茫茫人海中
庆幸遇见了你
能躺怀里的你

茫茫丛林中
庆幸认出了它
像你一样的它

有一种夜叫无眠

白云挂满了天边
这样的夜像白天
思念充斥着心田
这样的夜叫无眠